Martina Dannheimer

1 Tag in Heidelberg –
Martinas Kurztrip zum Heidelberger Schloss und durch die Stadt

AF195569

Bibliografische Information der Deutschen Nationalbibliothek:

Die Deutsche Nationalbibliothek verzeichnet diese Publikation in der Deutschen Nationalbibliografie; detaillierte bibliografische Daten sind im Internet über http://dnb.d-nb.de abrufbar.

Impressum:

Lektorat: Caroline Schnitzer, Peter Schmid-Meil

Copyright © 2013 GRIN & Travel

Ein Imprint der GRIN Verlag GmbH

travel.grin.com

DIE LUST AN STÄDTEREISEN	4
EIN FOTOMOTIV JAGT DAS NÄCHSTE	5
Vom Bahnhof direkt zum ersten Fotospot: dem S-Printing Horse	5
Flanieren auf der Hauptstraße	6
Der Anatomiegarten – was ist das?	8
WEIHNACHTLICHE STIMMUNG ÜBERALL	9
Die Heidelberger Universitäten	9
Marktplatz, Karlsplatz, Kornmarkt	10
HEIDELBERGER SCHLOSS – DAS HIGHLIGHT DER STADT	12
Verführung zur Bequemlichkeit: Bergbahnen Heidelberg	12
Das Schloss und der Schlossgarten	13
MEIN FAZIT	16
LINKS ZU HEIDELBERG	17
BILDNACHWEIS	18
LESETIPPS	19

Die Lust an Städtereisen

„Nicht nur lange Reisen machen Spaß" ist das Motto, nach dem ich lebe und meine Reiselust stille. Mit meinen Berichten „1 Tag in …" möchte ich zu Kurztrips inspirieren und zeigen, was man alles an einem einzigen Tag in einer Stadt erleben kann. Hier gibt es jede Menge Tipps zum Nachmachen für alle, die wenig Zeit zum Reisen haben oder deren Geldbeutel – wie meiner – nicht endlos gefüllt ist.

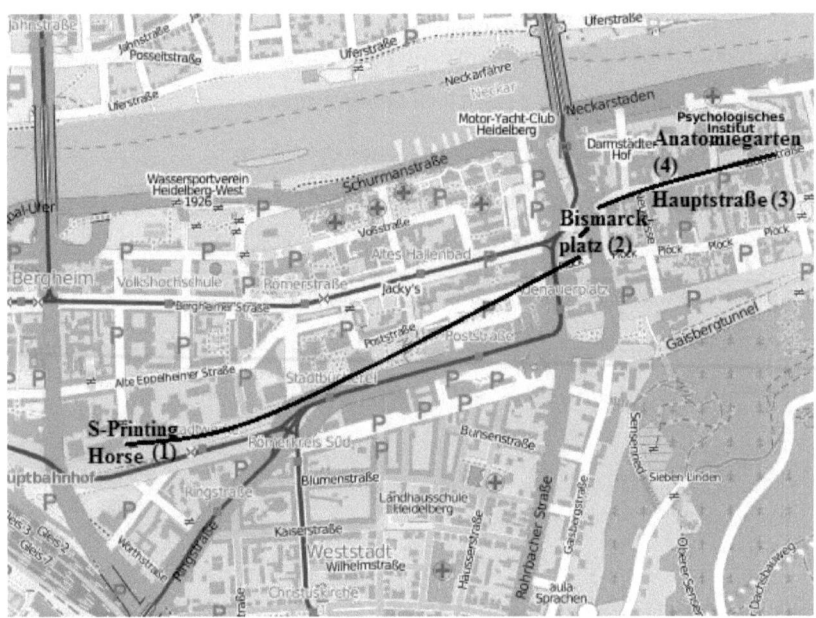

Heidelberg-Route Teil 1. Quelle: OpenStreetMap und Mitwirkende, CC BY-SA

Ein Fotomotiv jagt das nächste

Vom Bahnhof direkt zum ersten Fotospot: dem S-Printing Horse

Ächzend beförderte ich meinen schweren Koffer ins Schließfach am Bahnhof. Ich hatte extra das größtmögliche ausgesucht und doch passte mein fetter Reisebegleiter kaum hinein. Glücklich und verschwitzt drehte ich aber schließlich den Schlüssel um und marschierte zur Touristeninformation. Nachdem ich einen Stadtplan ergattert hatte, stand ich vor dem Bahnhofsgebäude und war sofort in meinem Element, der Jagd auf Fotomotive. Von der Skulptur „S-Printing Horse" (1) brauchte ich dringend ein Erinnerungsbild.

Das S-Printing Horse

Danach machte ich mich auf den Weg gen Altstadt. Rund 20 Minuten dauerte mein strammer Fußmarsch. Zugegeben, ich bin vielleicht etwas verwöhnt von Köln, Hamburg oder München, wo die Fußgängerzone quasi direkt an den Hauptbahnhof grenzt. Motzen kam allerdings auf keinen Fall infrage. Viel zu gerne war ich auf Reisen und viel zu sehr freute ich mich auf Heidelberg. Mein letzter Besuch der Stadt am Neckar lag lange zurück. *„Geh auf jeden Fall aufs Schloss"*, hatte mir eine Freundin geraten, die sechs Jahre in Heidelberg gewohnt hatte. Dies sollte der Höhepunkt meines Tagesprogramms sein – im wahrsten Sinne des Wortes. Aber zunächst stand ich auf dem Bismarckplatz (2). Er gilt als zentraler Platz und ist der Eingang zur Altstadt. Außer jeder Menge Verkehr und einem Weihnachtsmarkt konnte ich jedoch nicht viel Spektakuläres erspähen.

Eingang zur Altstadt – der Bismarckplatz

Flanieren auf der Hauptstraße

Ich bog auf die Hauptstraße (3) ab und dort blieb ich vorerst. Wer bei Hauptstraße wie ich an eine dichte befahrene Durchgangsstraße denkt, irrt. In Heidelberg ist das die Fußgängerzone und führt vom Bismarckplatz bis zum Karlstor. Ich zog die Kapuze über meine Wollmütze, denn es war nicht bloß schweinekalt, sondern auch noch extrem windig. Ich war versucht, mich gleich in die ersten Geschäfte zu stürzen. Dort wäre es warm und gemütlich gewesen und neue Schuhe hätte ich auch gebraucht – aber nein!

Auf der Hauptstraße fiel mir als Erstes ein kleiner Mann auf, der einfach nur dasaß und in seiner Zeitung las. Das würde er wohl auch noch eine ganze

Weile tun, es handelte sich nämlich um eine Statue: 1986 schuf der Bildhauer Pieter Sohl die Figur, die seitdem am Anfang der Hauptstraße ihren Platz hat.

Meine erste Begegnung auf der Hauptstraße

Immer die Hauptstraße entlang

Der Anatomiegarten – was ist das?

Die Schuhe mussten warten, ich hatte etwas anderes geplant. Während ich mich also zu disziplinieren versuchte, eröffnete mir ein Blick auf den Stadtplan, dass ich mich in Höhe des Anatomiegartens (4) befand. Darunter konnte ich mir so gar nichts vorstellen. Als Erstes stellte ich fest, dass dort bereits die nächsten Christkindlmarkt-Buden standen. Bei dem sensationellen Geruch von gebrannten Mandeln geriet ich ruckzuck in Versuchung, ließ mich aber von einer Statue in Lebensgröße ablenken. Es war der Chemiker Robert Bunsen, der zu seinen Lebzeiten in Heidelberg unterrichtet hatte. Mit Schaudern dachte ich an den Bunsenbrenner und meine Talentfreiheit im Chemieunterricht zurück. Ich hatte es halt mehr mit den Sprachen, relativierte ich meine grottenschlechte Schulnote in diesem Fach und widmete mich nochmals Herrn Bunsen. Eigentlich ein sympathischer Kerl – allerdings gehen so einige Explosionen im Friedrichsbau direkt hinter der Statue auf sein Konto.

Skulptur von Robert Bunsen

Ich verabschiedete mich wieder vom Namensgeber des Bunsenbrenners und kehrte auf die Hauptstraße zurück. Meine Kamera brauchte ich gar nicht mehr wegzupacken, schließlich knipste ich im Minutentakt. Die Fußgängerzone strotzte nur so von alten, imposanten und charmanten Häusern. Immer wieder schlenderte ich nach rechts, in eine der zahlreichen, zauberhaften Seitensträßchen: Kein Wunder, dass Heidelberg zu den schönsten Städten Deutschlands zählt.

Weihnachtliche Stimmung überall

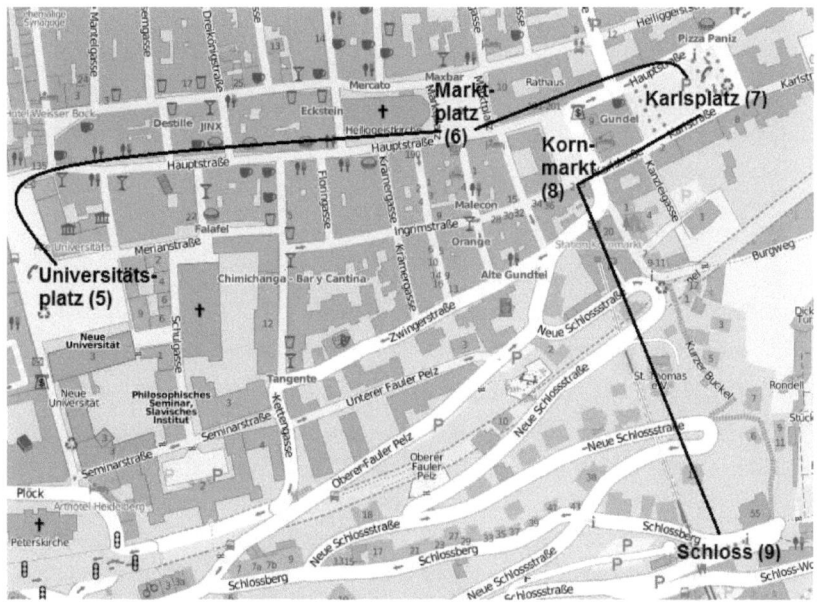

Heidelberg-Route Teil 2. Quelle: OpenStreetMap und Mitwirkende, CC BY-SA

Die Heidelberger Universitäten

Mein nächstes Etappenziel war der Universitätsplatz (5). Und spätestens jetzt dämmerte es mir, dass auf jedem der großen Plätze ein Weihnachtsmarkt stattfand. Als Belohnung für meine glorreiche Erkenntnis gönnte ich mir einen Glühwein. Es war zwar erst kurz nach 13 Uhr, aber Glühwein ist mittagstauglich. Auch wenn der Universitätsplatz mit 70 Buden gefüllt war, inspizierte ich dieses Gelände etwas genauer.

Auch der Universitätsplatz erstrahlte in weihnachtlichem Ambiente

Dort befinden sich die Alte sowie Neue Universität, die für ihren guten Ruf bekannt sind. Mit Pfennigabsätzen sollte man auf dem Kopfsteinpflaster aufpassen – zum Glück hatte ich keine an. Der Universitätsplatz wechselte übrigens mehrfach seinen Namen. Aus ursprünglich Paradeplatz, dann Ludwigsplatz, wurde schließlich 1928 der Universitätsplatz – zwischen 1937 und 1945 war es der Langemarckplatz. Mit dieser Weisheit bereichert, ernannte ich „Café aufsuchen" zu meiner nächsten Mission, denn es war eiskalt. Trotz meiner voluminösen Kopfbedeckung fühlte ich mich wie Rudolph (the red nosed reindeer). Zudem hatte ich Hunger oder nennen wir es mal Gelüste auf eine süße Leckerei. Diese fand ich in der Auslage der Altstadtbäckerei zu Hauf. Ich ergab mich meiner inneren Stimme und genehmigte mir eine kalorienreiche Pause.

Marktplatz, Karlsplatz, Kornmarkt

Zu DEN Klassikern eines Weihnachtsmarktes dürfte die Weihnachts-Pyramide mit ihren niedlichen Figuren zählen. Und jene steht in Heidelberg am Marktplatz (6), wo sie Herrn Herkules Konkurrenz macht.

Ein Weihnachtsmarkt-Klassiker: die Pyramide

Im Gegensatz zu der weihnachtlichen Dekoration steht der griechische Held aus der Antike das ganze Jahr über auf dem Marktplatz. Und das bereits seit 1709, erschaffen vom Bildhauer Johann Martin Laub. Dabei erinnert der Herkulesbrunnen an den aufwendigen und kräftezehrenden Wiederaufbau von Heidelberg nach dem Dreißigjährigen Krieg und an den Pfälzischen Erbfolgekrieg. Kräftezehrend ist ebenfalls das Stichwort meines nächsten und letzten Vorhabens. Nachdem ich kurz den Karlsplatz (7) mit seinen netten Studentenkneipen inspiziert hatte, stand ich auf dem angrenzenden Kornmarkt (8). Dort konnte ich einen weiteren Weihnachtsmarkt, den Sebastian-Münster-Brunnen und eine zauberhafte Madonnen-Statue bewundern.

Madonnen-Statue am Kornmarkt

Heidelberger Schloss – das Highlight der Stadt

Ich genoss noch eine Weile die Idylle am Kornmarkt und blickte gespannt zu meinem Tagesziel. Hoch oben lag das Schloss (9). Nicht nur wegen seiner Lage ist es ein absolutes Highlight in Heidelberg. Den Besuch empfahl mir eine Freundin und jeder Reiseführer, Einheimische und Tourist tut es ihr gleich. Somit schritt ich zur Tat.

Verführung zur Bequemlichkeit: Bergbahnen Heidelberg

Auf meinem Weg verführte mich beinah die Talstation der Bergbahnen Heidelberg zur bequemen Fahrt auf den Berg – als Allgäuerin muss ich sagen, es ist nur ein etwas höherer Hügel. Aber nein, ich hockte mich nicht in die Gondel, sondern näherte mich dem faszinierenden Schloss per Pedes. An einer Weggabelung hatte ich schließlich die Wahl: Zehn Minuten über den Burgweg oder 31 Stufen und ebenfalls zehn Minuten über den kurzen Buckel. Ich wählte die erste Variante. Keuchend, aber immerhin schnell kam ich am Schloss an.

Wer die Wahl hat, hat die Qual.

Das Schloss und der Schlossgarten

Dass ich mich umdrehte und erst einmal fünf Minuten stehen blieb, war keine Regenerationsmaßnahme – okay, ein kleinwenig vielleicht doch. In erster Linie frönte ich allerdings dem fantastischen Ausblick auf Heidelberg und den Neckar. Bevor ich weiterlief, musste ich mich erneut entscheiden. Schlossgarten for free oder der Schlosshof für 6 Euro (inklusive Großes Fass, Deutsches Apothekenmuseum und Bergbahn) . Ich wollte ohnehin beides sehen und wählte zuerst den Schlosshof.

Blick durchs Gitter

Das Schloss aus rotem Neckartaler Sandstein gilt als eine der berühmtesten Schlossruinen weltweit. Leider meinte es die Natur zeitweise schlecht mit dem Bauwerk. Nachdem das Schloss schon während des Erbfolgekriegs großen Schaden genommen hatte, schlug gleich zweimal der Blitz ein. Beim zweiten Mal so heftig, dass das Schloss abbrannte und als Ruine zurückblieb. Seiner Imposanz tat dies allerdings keinen Abbruch. Die rund eine Million Besucher pro Jahr sehen das wohl genauso.

Die Folgen eines Blitzschlags

Auch ich bewunderte die Architektur im Stil der Renaissance. Zwar kenne ich mich eher mäßig mit architektonischen Meisterleistungen aus, hin und weg war ich trotzdem. Nicht weniger beeindruckte mich dann der Schlossgarten – der Hortus Palatinus. Eine herrliche Oase mit Brunnen und allerlei Figuren. Im 17. Jahrhundert wurde der Schlossgarten samt seinen Gartenterrassen sogar als achtes Weltwunder gehandelt.

Der Hortus Palatinus – eine wahre Oase

Oha, ich war echt beeindruckt. Der absolute Knaller ist die Lage unterhalb vom Königsstuhl und die grandiose Aussicht. Da ich nicht direkt am Abgrund stand, konnte mir selbst meine Höhenangst den Genuss nicht vermiesen. Ich tingelte um die Rückseite des Schlosses, bevor ich die 303 Stufen wieder nach unten stieg. In nur acht Minuten, und ich fühlte mich dabei ein bisschen wie eine Prinzessin.

Fantastischer Ausblick auf Heidelberg

Mein Fazit

Heidelberg ist ein süßes Städtchen. Statt Großstadthektik gibt's hier ein zauberhaftes (Altstadt-) Flair und einen Hauch von Romantik. Vielleicht liegt das mit der Romantik auch am Schloss, es ist auf jeden Fall mein absolutes Highlight in der Stadt am Neckar. Heidelberg lohnt sich übrigens auch sehr zur Weihnachtszeit. Die ganze Stadt gleicht dann einem Christkindelsmarkt.

Meine Bewertung:

Sightseeing: 👠👠👠

Verkehrsmittel: 👠👠

Essen & Trinken: 👠👠👠

Shopping: 👠👠👠

Links zu Heidelberg

Fußgängerzone:
http://www.belocal.de/heidelberg/sehenswuerdigkeiten/fussgaengerzone/7604

Anatomiegarten:
http://ww2.heidelberg.de/kinderstadtplan/html/sehenswertes/plaetze/anatomie.html

Schloss Heidelberg: http://www.schloss-heidelberg.de/

Bergbahnen Heidelberg: http://www.bergbahn-heidelberg.de/

Schlossgarten: http://www.schloss-heidelberg.de/schloss-garten/

Preise Schlosshof: http://www.deutsches-apotheken-museum.de/services/besuch1.php?WEBYEP_DI=1

Bildnachweis

Alle Bilder innerhalb dieses Buches stammen von:

•Martina Dannheimer

•OpenStreetMap und Mitwirkende, CC BY-SA

•jara3000: http://www.shutterstock.com/pic-132687290/stock-vector-high-heel-shoes-silhouette.html?src=csl_recent_image-1

Lesetipps

Lust auf mehr Reiseabenteuer? Hier finden Sie weiteren spannenden Lesestoff aus unserem GRIN & Travel Programm:

1 Tag in ...

von Martina Dannheimer

Für einen Tag raus aus dem Alltag und ab in eine große Stadt. Die Journalistin und Bloggerin Martina Dannheimer liebt das Speeddating mit den großen Metropolen Europas. Sightseeing, Shopping, leckeres Essen und Kultur – sie packt alles in einen einzigen Tag. Und so ganz nebenbei wirft sie ein prüfendes Auge auf die Männer der Stadt.

Mit Humor und einem Fünkchen Selbstironie nimmt die Autorin Sie mit auf ihre Sightseeingtour, die passenden Stadtkarten zum „Nachwandern" sind auch gleich mit dabei. Dazu liefert sie jede Menge praktische Tipps, die mit aktiven Links ins Internet versehen und somit direkt aus dem E-Book heraus aufrufbar sind. So können Sie Ihren nächsten Kurztrip mit stets aktuellen Informationen perfekt vorbereiten.

Aus unserer Städte-Reihe:

1 Tag in Berlin; ISBN: 978-3-656-40911-3

1 Tag in Dresden; ISBN: 978-3-656-40908-3

1 Tag in Hamburg; ISBN: 978-3-656-40971-7

1 Tag in München, ISBN: 978-3-656-42791-9

1 Tag in Köln, ISBN: 978-3-656-42787-2

1 Tag in Münster, ISBN: 978-3-656-42595-3

Jetzt kaufen auf travel.grin.com.

Aus dem Inhalt: Binnenalster, Deichstraße, Europa-Passage, Große Bleichen, Neuer Wall, Hamburger Rathaus, Hamburger Hafen, HafenCity, Blankenese, Gänsemarkt, Stephansplatz, Planten un Blomen, Reeperbahn, St. Michaelis-Kirche.

ISBN: 978-3-656-40971-7

Jetzt kaufen auf travel.grin.com.

Aus dem Inhalt: Pragerstraße, Schlossstraße, Residenzschloss, Neustädter Markt, Japanisches Palais, Neustadt, Semperoper, Zwinger, Striezelmarkt, Frauenkirche, Brühlscher Garten.

ISBN: 978-3-656-40908-3

Jetzt kaufen auf travel.grin.com.